# UN CORAZON EN CAÍDA

# UN CORAZON EN CAÍDA

5 PASOS HACIA LA CAÍDA DEL CORAZÓN Y SU REGRESO.

POR
BRIAN MARK WELLER

Traducido por Diana **Del Carpio Guerrero**

Editado por Javier Monge Segovia

**Diseñado por Brian JJ Weller**

Derechos de Autor © 2015 por Brian Mark Weller

A menos que se mencione lo contrario, todas las citas Bíblicas se han tomado de la Santa Biblia, Nueva Versión Internacional® NVI® Copyright © 1973, 1978, 1984, 2011 por Bíblica, Inc. ™ Usada bajo permiso. Todos los derechos reservados a nivel mundial.

## *Contenidos*

Introducción: Huyendo de Dios..................................................................7
PARTE 1: CAÍDA............................................................................................13
    Paso 1: Negación Relacional..............................................................15
    Paso 2: Siguiendo a lo lejos................................................................19
    Paso 3: Negación Pública....................................................................25
PARTE 2: EL REGRESO...................................................................................29
    Paso 4: Arrepentimiento....................................................................31
    Paso 5: Restauración..........................................................................35
Apéndice: ¿Y Ahora Qué?.............................................................................43
Una Nota Alentadora...................................................................................53

# HUYENDO DE DIOS

Cuando nosotros, los creyentes retrocedemos, a menudo nos apartamos lenta y silenciosamente. De hecho, la mayoría de veces la caída es tan lenta y silenciosa que ni nos damos cuenta que estamos retrocediendo. Usualmente, no comienza con un acto de pecado estruendoso y estremecedor –como salir y comprar drogas ilegales, emborracharse, hacer un espectáculo vergonzoso, o fornicar. *No...la caída por lo general comienza cuando permitimos que nuestra relación con el Señor se deteriore.*

Cuando nuestra relación con Dios se apaga, nuestros corazones comienzan a alejarse de Él. Todo lo que viene después es el resultado de la pérdida de una relación creciente, e íntima con Dios.

Acompáñeme a Mateo 26, donde la vida de Pedro nos muestra los pasos hacia la caída del corazón... y su regreso.

### Y Todos Ustedes Me Abandonarán

Mateo 26 nos lleva a la legendaria escena de la Última Cena. Los doce discípulos se habían reunido alrededor de la mesa para compartir la cena de Pascua con Jesús. Ésta era una de las ocasiones más especiales del año para este pequeño grupo de judíos del primer siglo. Los discípulos estaban, sin duda alguna, esperando oír a Jesús compartir algunas palabras de aliento.

Jesús estaba al tanto que ésta iba a ser la última ocasión en que estarían todos juntos antes de su muerte en la cruz y posterior resurrección. Las palabras que hablaría quedarían grabadas en la historia. Muy probablemente, estas palabras harían eco en los corazones de Sus discípulos hasta sus últimos días en la tierra. Jesús podría haber usado esta ocasión especial para decir todo tipo de cosas para animar a Sus discípulos, y estoy seguro que es lo que los discípulos estaban esperando.

Quizás los discípulos esperaban oír algo como esto:

*"¡Muchachos ustedes son maravillosos en todo! ¡Amo su pasión por mí! ¡Me encanta su dedicación a mí y a mis palabras! ¡Me encanta la manera en que se aman los unos a los otros y se han mantenido enfocados día tras día mientras hemos viajado juntos! Han estado conmigo todo este tiempo, y hemos visto grandes cosas suceder a todo lugar donde fuimos. Gracias, gracias, gracias."*

Pero eso no es lo que Jesús eligió decir. De hecho, lo que eligió decir no fue nada alentador. Él les dijo algo que debió estremecer a todos en la habitación:

*"Esta misma noche, todos ustedes me abandonarán."*

Las palabras resonaban en los oídos de los discípulos. "¿Todos te abandonaremos?"

Ellos supieron inmediatamente lo que Jesús quiso decir. La palabra traducida al español como "abandonar" es la palabra Griega *skandalizo*, de la que obtenemos en el español la palabra escándalo. La palabra *skandalizo hace referencia a un simple significado en griego*: "ofenderse." En otras palabras, Jesús les estaba diciendo esto:

> *"Esta misma noche, todos y cada uno de ustedes van a ser ofendidos por mi causa. Mi nombre, y su posición como mis discípulos, se volverán un escándalo para ustedes."*

Probablemente cada uno de los discípulos reaccionó de manera personal a las palabras de Jesús. Cada uno de, al igual que nosotros, tenía un rol, una personalidad, y un conjunto de fortalezas y debilidades únicas. La reacción de Pedro a las palabras de Jesús es el caso que se explica más claramente en el libro de Mateo. Para poder entender la reacción de Pedro, demos una mirada a su personalidad.

### La Personalidad de Pedro

¿Cómo era Pedro? En la Biblia vemos que Pedro, entre los discípulos, era un líder enérgico con una personalidad Tipo A. Él era el tipo de discípulo que a menudo hubiera dicho cosas como: "¡Vamos, chicos! ¿Alguien quiere ir a testificar?" "¡Vamos a sanar a alguien!" o "¿Alguien quiere orar?" Él era el líder masculino—un macho alfa—quien tenía la habilidad de mover a la gente por Jesús, diciendo, "¡Podemos lograrlo!" Pero creo que en lo profundo de su corazón, Pedro creía ser más espiritual que los otros discípulos. Él creía ser más fiel a Jesús que los demás. Esta actitud de su corazón se revela en cómo responde a las palabras de Jesús, *"Esta misma noche, todos ustedes me abandonarán."*

### ¡Yo No, Señor!

> Pedro respondió, "Aunque todos te abandonen —declaró Pedro—, yo jamás lo haré." (Mateo 26:23)

¿Te das estado en el que se encontraba el corazón de Pedro?
En esencia él estaba diciendo,
"¡Yo no, Señor! ¡Yo permaneceré de pie! ¡Puede que los otros discípulos se alejen de ti pero yo no!" Estas declaraciones revelan el pobre estado de su corazón. En realidad, Pedro *ya* había comenzado a abandonar al Señor.

¿Cómo lo sé? Porque Pedro estaba en pecado. Pedro había sido atrapado a plena luz del día con un corazón lleno de uno de los más engañosos y dañinos pecados que puedan existir: "orgullo espiritual."

¿Alguna vez su corazón ha sido "espiritualmente orgulloso"? El mío sí, y déjeme decirle que es una condición terrible. Cuando nos convencemos que somos más espirituales que todos los demás, usualmente es porque nuestros corazones están llenos de falsos juicios sobre los demás. ¡Este estado del corazón es muy desagradable para nuestro Padre y en extremo dañino para aquellos a nuestro alrededor! Dios quiere que le demos a otros el beneficio de la duda y que "consideres a los demás como superiores a ti mismo" (Filipenses 2:3). Cuando estamos llenos de prejuicios, puede que en el exterior tengamos la apariencia de espiritualidad, pero podemos estar seguros que por dentro ya empezamos a alejarnos del Señor. Con seguridad, este fue el caso de Pedro, y Jesús no puso "peros" al respecto.

### La Estremecedora Respuesta de Jesús

Las siguientes palabras de Jesús estremecerían a Pedro:

> "Te aseguro —le contestó Jesús— que esta misma noche, antes de que cante el gallo, me negarás (repudiarás) tres veces." (Mateo 26:34)

Sin embargo Pedro, insistente en que Él nunca se apartaría, rehusó cuestionar su propia fidelidad a Jesús: "Aunque tenga que morir contigo —insistió Pedro—, jamás te negaré."

Pedro no sólo *tuvo la intención de no repudiar a* Jesús, sino que *declaró* que él nunca Lo abandonaría. Al hacer esto, arrastró a los otros discípulos bajo el mismo engaño, tal como vemos en el siguiente verso: "Y los demás discípulos dijeron lo mismo."

### Y, ¿Qué De de Nosotros?

Ahora, antes de hacernos una mala imagen de Pedro, consideremos nuestras propias vidas. Seamos honestos. Si hubiéramos estado en los zapatos de Pedro, y Jesús *nos* hubiera dicho que lo íbamos a negar, a muchos de nosotros también nos habría impactado oírlo. En nuestros corazones, probablemente algunos de nosotros nos habríamos sentido igual que Pedro... "eso no va a pasar. ¡No yo, Señor!" ¿Por qué? ¡Porque algunos de nosotros también estamos cegados por la infección del orgullo espiritual! Hemos sido enceguecidos por nuestro orgullo de la misma manera que podríamos ser cegados por un vergonzoso pecado externo.

Odio tener que admitir esto, pero hubo veces en las que estuve involucrado tanto en orgullo espiritual *como en* un descarado pecado externo, aun como creyente. ¿Alguna vez ha pasado un tiempo así? ¿Se encuentra ahora en un tiempo así? 1 Tesalonicenses 5:19 nos dice "No apaguen el Espíritu." En esos tiempos, el fluir del Espíritu Santo es bloqueado en nuestras vidas. Apagamos (entristecemos) al Espíritu Santo, y es imposible sentir la presencia del Señor de la manera que la sentimos cuando andamos en humildad y cercanía con nuestro Dios.

Es ahí justamente donde estaba Pedro, pero Jesús se quedó con él y le pidió su ayuda mientras Pedro estuviera dispuesto a brindarla.

# PARTE 1: LA CAÍDA

# PASO 1: NEGACIÓN RELACIONAL

***Paso #1 de un Corazón en Caída – Negación Relacional***
Luego de la cena de Pascua, Jesús fue con los discípulos al Huerto de Getsemaní, sabiendo que la hora de su crucifixión se acercaba. Tomemos un momento para leer la narración Bíblica de lo que sucedió en Mateo 26:36-39 (NVI).

> *"Luego fue Jesús con sus discípulos a un lugar llamado Getsemaní, y les dijo: «Siéntense aquí mientras voy más allá a orar.» Se llevó a Pedro y a los dos hijos de Zebedeo, y comenzó a sentirse triste y angustiado. «Es tal la angustia que me invade, que me siento morir —les dijo—. Quédense aquí y manténganse despiertos conmigo.» Yendo un poco más allá, se postró sobre su rostro y oró: «Padre mío, si es posible, no me hagas beber este trago amargo. Pero no sea lo que yo quiero, sino lo que quieres tú.»"*

Luego que Jesús oró, vino al huerto y encontró al grupo de discípulos que dormían y le preguntó a Pedro:

*"¿No pudieron mantenerse despiertos conmigo ni una hora?"*
*(Mateo 26:40)*

Recuerda que hace tan solo unas pocas horas Pedro había *declarado* su constante fidelidad a Jesús.

*"«Estén alerta y oren para que no caigan en tentación. El espíritu está dispuesto, pero el cuerpo es débil.» Por segunda vez se retiró y oró: «Padre mío, si no es posible evitar que yo beba este trago amargo, hágase tu voluntad.» Cuando volvió, otra vez los encontró dormidos, porque se les cerraban los ojos de sueño. Así que los dejó y se retiró a orar por tercera vez, diciendo lo mismo. Volvió de nuevo a los discípulos y les dijo: « ¿Siguen durmiendo y descansando? Miren, se acerca la hora, y el Hijo del hombre va a ser entregado en manos de pecadores.'" (Mateo 26:41-45)*

La palabra griega usada para *estar alerta* es *gregorio,* que significa "ser cuidadoso, estar despierto, estar vigilante." ¡Todo lo que Jesús le había pedido a Pedro y a los otros discípulos que hicieran era ser cuidadosos, estar despiertos y vigilantes por una sola hora! Pero cuando Jesús retornó, encontró que todos se habían quedado dormidos. Esto es lo que llamo un ejemplo de "Negación Relacional", o la negligencia para mantener una relación íntima con el Señor. Lo hicieron tres veces seguidas durante el llamado de Jesús a orar. ¿Qué le parece?

Todos los discípulos habían negado la relación con Jesús al negarle el apoyo en oración que Él les había pedido. Pero en vez de dirigir la pregunta a todos los discípulos, Jesús la dirigió específicamente a Pedro, el discípulo que tan solemnemente declaró, *"Aunque todos te abandonen, yo jamás lo haré."*

Jesús enfatizó la negación relacional de Pedro más que la de los demás porque Pedro creía ser un discípulo más fiel que todos los demás.

### ¿Y qué de nosotros?
*Así como en el caso de Pedro, el primer paso hacia un corazón en caída es cuando negamos a Jesús en nuestra relación personal con Él.* Dios está confiando en nosotros para mantenernos en comunicación con Él, para oírlo, y para hablarle. ¿Nos estamos quedando dormidos?

¿Estás negando a Jesús en tu relación con Él? En el Huerto de Getsemaní, Jesús estaba contando con que sus discípulos orasen por Él, pero ellos se distrajeron y se durmieron. Así mismo, hay millones de maneras en las que nos podemos distraer de nuestra relación con Dios, las cuales nos arrullan hacia un letargo espiritual. ¿Nos estamos quedando dormidos? ¿Acaso *usted* se está quedando dormido?

Si su relación con el Señor se está enfriando, piense qué es lo que le está impidiendo buscarlo más. Hebreos 12:1 dice, "Por tanto, también nosotros, que estamos rodeados de una multitud tan grande de testigos, despojémonos del lastre que nos estorba, en especial del pecado que nos asedia, y corramos con perseverancia la carrera que tenemos por delante." Dios está diciendo a través de Su palabra: "¡Sí algo lo frena, deshágase de eso!"

# PASO 2: SIGUIENDO DE LEJOS

### PASO #2 – Siguiendo a Jesús de Lejos

> *"Los que habían arrestado a Jesús lo llevaron ante Caifás, el sumo sacerdote, donde se habían reunido los maestros de la ley y los ancianos. Pero Pedro lo siguió de lejos."*
> (Mateo 26:57-58)

Cuando pasa tiempo con alguien a quien ama, ¿acaso no le gusta caminar cerca de él o ella? De manera similar, si está avergonzado de alguien, puede que no quiera caminar muy cerca de esa persona. Cuando yo era adolescente, antes de ser cristiano, me esforzaba mucho tratando de ser "chévere" o "popular", por lo que en ocasiones no quería que me vieran caminando con mis padres. Trataba de seguirlos a una distancia, como si estuviera caminando solo. Lo mismo pasó en el caso de Pedro: Luego de su negación relacional en el jardín, él comenzó a seguir a Jesús de lejos.

Hace muchos años atrás, escuché una maravillosa frase que se relaciona con la situación de caída, porque el retroceder comienza con un pensamiento y cómo reaccionamos a ese pensamiento.

*"Si siembras un pensamiento, cosechas un acto.*
*Si siembras un acto, cosechas un hábito.*
*Si siembras un hábito, cosechas un estilo de vida.*
*Si siembras un estilo de vida, cosechas tu destino."*

¿Y qué pasó con Pedro? Debido a su negación relacional en el jardín, empezó a sentirse cómodo con seguir a Jesús a la distancia. Esto nos enseña un principio muy importante: Si hemos estado rechazando nuestra relación con Jesús, y negándole a nuestro Padre el tiempo privado de calidad que Él desea y merece de nuestra parte, de seguro comenzaremos a seguir a Jesús a la distancia. Esto se da, por ejemplo, cuando tenemos una oportunidad de decir algo de Jesús en público y en vez de demostrar nuestro compromiso con Él, mostramos vergüenza y nos quedamos callados.

Mateo 26:28 nos da aún más visión sobre la situación de Pedro:

*"Pero Pedro lo siguió de lejos hasta el patio del sumo sacerdote. Entró y se sentó con los guardias para ver en qué terminaba aquello."*

Pedro no solamente siguió a Jesús de lejos y se quedó aparte. Sino que entró al lugar donde estaban sentados los guardias y se sentó con ellos. Se sentó con la gente que estaba en contra de Jesús, como si fuera parte de ellos. Este fue un paso hacia atrás muy peligroso. "Pues, ¿qué comunión tienen la luz con las tinieblas?"

## Y, ¿qué de nosotros?

En lugar de ver a Pedro con aires de superioridad por comprometer su integridad, hagamos un viaje a través de nuestros propios corazones. Tomemos un instante para preguntarnos con honestidad, "¿Dónde estoy hoy?" Todos y cada uno de nosotros estamos actualmente en alguno de estos cinco puntos del proceso de caída o restauración que estamos describiendo en este libro.

## Algunas Preguntas Honestas para Todos Nosotros

Todos nosotros *necesitamos* hacernos algunas preguntas honestas. Si está leyendo este libro, por favor tome un momento para pensar realmente en las verdaderas respuestas a estas preguntas. Por favor tome un momento y escriba sus respuestas a las siguientes preguntas.

1. ¿Me estoy sentando con el mundo?

   _____

   _____

   _____

2. ¿Estoy poniéndome cómodo con las cosas del mundo?

   _____

   _____

   _____

3. ¿Se está conformando mi corazón a las cosas de este mundo, o a la imagen de Cristo?

_____

_____

_____

4. ¿Estoy mirando las mismas cosas que el mundo mira?

_____

_____

_____

5. ¿Estoy escuchando las mismas cosas que el mundo escucha?

_____

_____

_____

6. ¿Estoy hablando algunas de las mismas palabras que el mundo habla?

_____

_____

7. Si es así, ¿esto se debe a que no deseo ser ofensivo o políticamente incorrecto?

_____

_____

_____

8. ¿Mi forma de vivir contradice las enseñanzas de Jesús?

_____

_____

_____

Si así es, entonces todo este tiempo ¡*le hemos estado negando*!

# PASO 3: NEGACIÓN PÚBLICA

### Paso #3 – Negación Pública (Repudio)
En este punto del libro, probablemente se encuentre en shock por la condición del corazón de Pedro – y quizás hasta del suyo mismo. Pero el proceso de caída de Pedro todavía no ha terminado. Primero, él negó su relación con Jesús en el huerto, cuando se durmió tres veces en lugar de orar. Luego, siguió a Jesús de lejos, y hasta se sentó con los enemigos de Jesús. Pero ahora, estaba a punto de hacer algo peor de lo que había considerado posible… se encontraba a punto de negar públicamente y repudiar a Jesús por completo.

### La Negación de Pedro
Mientras Pedro estaba sentado en ese patio con los enemigos de Jesús, una criada lo vio, y lo reconoció. Y ella dijo:

*"Tú también estabas con Jesús de Galilea." (Mateo 26:69)*

Aquí la criada acusaba a Pedro de ser un discípulo de Jesús. Por supuesto que lo era, y esta era la oportunidad perfecta para que él cambiara su curso y confesara a Jesús, como había *declarado;* ¡que hasta moriría por Él! Pero Pedro no eligió confesar su relación con Jesús. Más bien, eligió negar ser un discípulo de Jesús.

*"Pero él lo negó delante de todos, diciendo:*
*—No sé de qué estás hablando" (Mateo 26:70)*

### El Repudio de Pedro

En temor, Pedro caminó hacia la puerta, lejos de aquellos con quienes había estado sentado. Tenía la esperanza de caminar a un lugar donde nadie lo señalara como discípulo de Jesús. Pero ocurrió justo lo contrario. Otra criada lo reconoció y les dijo a todos a su alrededor:

*"Éste estaba con Jesús de Nazaret." (Mateo 26:71)*

En una ráfaga de miedo y enojo, Pedro hizo algo que nunca pensó que sería capaz de hacer:

*"Él lo volvió a negar, jurándoles: — ¡A ese hombre ni lo conozco!*
*—" (Mateo 26:72)*

La primera vez que Pedro negó a Jesús, él dijo, "no sé de qué estás hablando." Pero ahora fue mucho más allá. No solamente negó su identidad como discípulo de Jesús sino que negó y repudió a Jesús, y lo hizo con juramento, diciendo, *"¡A ese hombre ni lo conozco!"*

Estoy seguro que cuando Pedro dijo estas palabras, algo dentro de él comenzó a doler. Él *sí* conocía a Jesús. Él lo había conocido de una manera muy íntima, personal y poderosa. Pero este cáncer espiritual llamado orgullo había invadido su corazón y lo estaba cambiando.

A pesar de todo lo que Pedro dijo para negar a Jesús, la gente aún no creía en sus palabras. Así que Pedro llevó su negación y repudio al Señor Jesucristo a un nivel mayor. Hasta este punto, cada vez que negaba a Jesús, lo hacía con más sentimiento. Y ahora estaba por negar a Jesús más fuerte que nunca.

### *Echando Maldiciones*

*"Poco después se acercaron a Pedro los que estaban allí y le dijeron:*
*—Seguro que eres uno de ellos; se te nota por tu acento.*
*Y comenzó a echarse maldiciones, y les juró:*
*— ¡A ese hombre ni lo conozco!" (Mateo 26:73,74)*

Jesús dice en Mateo 12:37 (RVR1960), "Porque por tus palabras serás justificado, y por tus palabras serás condenado." La Biblia también dice en Proverbios 18:21 que "La muerte y la vida están en poder de la lengua." ¡Lo que hizo Pedro fue algo muy poderoso! Pedro no solamente negó públicamente a Jesús sino que literalmente lo maldijo.

La palabra aquí para "maldecir" es la palabra *katanathematizo*. Cuando separa esta palabra en el griego, puede notar que está compuesta por dos palabras. La primera palabra es la palabra *kata* la cual a menudo denota intensidad. Ésta intensifica la palabra que le sigue. La otra palabra es la palabra *anathematizo*, que significa atar bajo una maldición, atar bajo un juramento, o atar bajo una gran maldición. Cuando combinas ambas palabras obtienes la más fuerte negación verbal posible. ¡Ésta no fue una buena elección por parte de Pedro!

Todo aquel que oyó sus palabras aquella noche sabía que había empleado la palabra de rechazo más fuerte de su vocabulario para negar a Jesús.

Fue entonces cuando Pedro se dio cuenta de cuán lejos había llegado. Posiblemente en ese momento recordó como Jesús lo había llamado cuando era un pescador grosero y cómo lo había convertido en un discípulo del Hijo de Dios. Fue en ese momento que Pedro vio claramente lo que había hecho, y esto lo llevó al siguiente paso: *Arrepentimiento*. Leonard Ravenhill dijo una vez:

> *"Hay tres personas viviendo en cada uno de nosotros: La que nosotros pensamos que somos, la que la gente piensa que somos, y la que Dios sabe que en realidad somos."*

Debido al gran amor de Dios por Pedro, Él permitió que sucedieran ciertas cosas para traer a Pedro a un lugar donde él pudiera ver el verdadero estado de su corazón y perder esa seguridad orgullosa en sí mismo. Sólo entonces podría depender verdaderamente del Señor.

A veces parece ser esa la única manera para entender nuestra fragilidad. Si su corazón se ha apartado, ¿hará esto ahora?

> *"¡Recuerda hasta dónde has caído! Arrepiéntete y vuelve a practicar las obras que hacías al principio." (Apocalípsis 2:5 NVI parafraseado)*

# PARTE 2: ...
# Y SU REGRESO.

# PASO 4: ARREPENTIMIENTO

### *Paso #4 – Arrepentimiento*
En el paso número cuatro es donde las cosas empiezan a cambiar para bien. Veamos lo que acontece en esta historia.

> *"En ese instante cantó un gallo. Entonces Pedro se acordó de lo que Jesús había dicho: «Antes de que cante el gallo, me negarás tres veces.» Y saliendo de allí, lloró amargamente."*
> *(Mateo 26:74-75)*

Más temprano, cuando Jesús les habló y derramó su corazón en el huerto, él dijo, "es tal la angustia que me invade, que me siento morir." Creo que los sentimientos de Pedro eran muy similares en este momento. Estaba sobrecogido por la pena a causa de lo que hizo y no podía creer que en realidad lo había hecho.

*Ese es verdadero arrepentimiento.* Arrepentimiento no es simplemente sentirse mal por ser atrapado en pecado. El verdadero arrepentimiento es estar apenado por el pecado, viendo el estado de corazón que lo llevó hasta ese lugar donde podía cometer el pecado, y alejarse de ese estado de forma total y completa.

Dios siempre dará gracia a aquellos que están verdaderamente humillados por su pecado. Santiago 4:6 dice: «Dios se opone a los orgullosos, pero da gracia a los humildes.» Si hemos retrocedido en nuestro corazón, entonces necesitamos venir a Él y decir, "Señor, ten misericordia de mí, un pecador." Algo sucede en el corazón de Dios cuando venimos a Él con un espíritu contrito y quebrantado. En medio del quebranto, Dios escucha nuestra oración y abre de par en par el trono de su gracia.

## *La Fórmula de Dios para el Avivamiento*

¿Cuál es la respuesta de Dios ante el arrepentimiento del hombre? Hechos 3:19 nos dice:

*"Por tanto, para que sean borrados sus pecados, arrepiéntanse y vuélvanse a Dios, a fin de que vengan tiempos de descanso de parte del Señor"*

Lo que sucede cuando nos arrepentimos es que Dios nos trae a un lugar de restauración, lo que nos lleva a un lugar de renuevo, lo que luego nos lleva al avivamiento.

Verás, no estoy esperando que el avivamiento "llegue de golpe" y despierte de su letargo a la gente e iglesias de la ciudad. No me voy a sentar sin hacer nada, esperando pasivamente que venga el avivamiento. ¡Creo que Dios nos está llamando a *caminar en avivamiento!* Dios nos está llamando a arrepentirnos de nuestros pecados y retornar a Él, para que puedan venir tiempos de refrigerio de la presencia del Señor. No tiene sentido orar por tiempos de avivamiento si no nos arrepentimos y regresamos a Dios. Si nos damos cuenta que nuestro corazón está en caída, es tiempo de alejarnos de los pecados que nos lisian y retornar a Jesús el Salvador. ¡Dios nos restaurará, pero lo hará cuando nos arrepintamos.

Una vez que hayamos regresado a Dios, estaremos listos para llevar el mensaje de Jesucristo a otros en el poder del Espíritu Santo.

### *Empoderados para llevar Avivamiento*

¿Tiene al Espíritu Santo? Si empieza a caminar en el poder y pureza del Espíritu Santo, verá cosas que acompañan al avivamiento. El avivamiento simplemente es regresar a lo que Dios había planeado para su pueblo desde el inicio. Él lo ejemplificó en el libro de Hechos. Entonces el avivamiento viene a ser básicamente el regreso al cristianismo normal del Nuevo Testamento.

Si estamos andando en avivamiento, seguiremos los mandamientos de Dios.

Daremos pasos en fe y oraremos por las personas y predicaremos el evangelio. Oraremos por los enfermos, y ellos, creyendo, serán sanados. Oraremos y predicaremos conforme a las promesas de Dios, no de acuerdo a nuestras experiencias, que bien pueden ser grandes o limitadas, llenas de éxito o fracasos. ¡Dios nos está llamando a tomar las oportunidades que Él nos provee para caminar en el poder del Espíritu Santo todos los días! Una vez que decidamos alejarnos de nuestros pecados y regresar a Jesús, viviremos la emocionante vida a la que Dios nos ha llamado.

Así que, amigo, ¿qué lo está alejando de Jesús? Tome un tiempo para orar y pensarlo. Y ahora decida alejarse de eso y acérquese a Él.

# PASO 5: RESTAURACIÓN

*Paso #5 – Restauración*

Más temprano, durante la cena de la Pascua, Jesús le había prometido a Pedro: "antes que cante el gallo, me negarás tres veces" Para vergüenza de Pedro, esa profecía se cumplió. Pero ahora Jesús le estaba dando a Pedro 3 oportunidades para reafirmar verbalmente su fe, su compromiso, y su amor por Jesús. En este proceso, Jesús lo está restaurando en su relación y en su ministerio.

> *"Cuando terminaron de comer, Jesús le dijo a Simón Pedro: «Simón, hijo de Jonás, ¿me amas más que éstos?» Le respondió: «Sí, Señor; tú sabes que te quiero.» Él le dijo: «Apacienta mis corderos.»" (Juan 21:15-19, RVC)*

Jesús le preguntó a Pedro, "¿De verdad me amas?" La palabra griega traducida como "amar" es *agapao*. Has oído hablar de *agape*, que es la forma de amor más pura y más fuerte (la misma palabra usada para describir el amor perfecto en Juan 3:16). Jesús le preguntó a Pedro: "¿Me amas, *con la forma más pura y más fuerte de amor*, más que el resto?"

Pero Pedro, ahora quebrantado por sus fallas, no podía armarse de valor para decirle eso a Jesús. Cuando Pedro respondió, él usó la palabra *phileo*, la cual no tiene la misma intensidad que *agape*. Agape representa el amor puro y perfecto de Dios, en cambio *phileo* representa amor fraternal, amistad, agrado por alguien. Pareciera ser que Pedro ha sido grandemente humillado— y hasta quizás avergonzado. Él ha descubierto que tiene aún un largo camino por recorrer y que no es tan fuerte y dedicado como había creído ser.

Luego del total rechazo de Pedro hacia Jesús, habría sido totalmente correcto que Jesús lo rechazara. Por esta razón Pedro estaba *extremadamente* agradecido que Jesús aún estuviera con él, dispuesto a perdonarlo y restaurarlo.

Jesús, viendo la humildad de Pedro, lo honró al confiarle una nueva responsabilidad: "Alimenta a mis ovejas."

La palabra griega traducida aquí como "alimenta" es *boskō*, que significa "proveer pastos para ellas, para alimentarlas y darles un lugar donde pastar." Jesús estaba honrando la humildad de Pedro, diciendo, "Provee pastos para mis ovejas para que puedan comer y pastar."

Luego Jesús le hizo la pregunta nuevamente:

"«Simón, hijo de Jonás, ¿me amas (agapao)?», y (Pedro) le respondió: «Señor, tú lo sabes todo; tú sabes que te quiero (phileo).»"

Jesús, viendo la humildad de Pedro, una vez más respondió confiándole una labor aún mayor a Pedro:

«Pastorea mis ovejas.»

La palabra aquí traducida como «pastorea mis ovejas.» es la palabra griega *poimano*, que significa "guiar y pastorear un rebaño de ovejas." Esta es el segundo y más honorable mandato que Jesús le dio a Pedro durante este proceso de restauración. Ahora le estaba diciendo a Pedro: "No sólo quiero que proveas pastos para mis ovejas y las alimentes. También quiero que seas su líder... para guiarlas y disciplinarlas mientras se esfuerzan por seguirme" En este punto, quizás Pedro pensó, "No pude mantener ni *mi propio* compromiso con el Señor. Entonces, ¿cómo voy a guiar a otros?" Jesús estaba restaurando a Pedro al lugar donde necesitaba estar, antes que Jesús regresara al Cielo.

## *Al mismo nivel*
Pero en el verso 17, Jesús bajó al nivel de Pedro.

> "Y la tercera vez le dijo: 'Simón, hijo de Jonás, ¿me quieres (phileo)?'"

Esta vez, en vez de utilizar la palabra griega *agapao*, que había empleado anteriormente, Jesús usó la palabra *phileo*. ¿Por qué este cambio en el léxico? Creo que Jesús le estaba diciendo a Pedro, "Yo sé dónde te encuentras en este momento, y justo ahí es donde te encontraré. Te voy a llevar al lugar donde necesitas estar porque ahora veo un corazón humilde dentro tuyo." Pero:

> "Pedro se entristeció de que la tercera vez le dijera « ¿Me quieres?», y le respondió: «Señor, tú lo sabes todo; tú sabes que te quiero.» Jesús le dijo: «Apacienta mis ovejas.» " (Juan 21:17, RVC)

Quiero aclarar algo que es muy, *muy* importante mientras vemos estos versos. Hay una razón por la cual Jesús le dio a Pedro la oportunidad de reafirmar su fe, su lealtad, y su amor por Jesús verbalmente como registran estos pasajes.

Después de negar a Jesús tres veces en el huerto, luego Pedro negó a Jesús tres veces dentro y en los alrededores del patio. Después de eso, no sólo a Jesús tres veces verbalmente sino que lo negó con juramento, maldiciéndose a sí mismo. Eso no era algo que se tomaba a la ligera en aquellos días, y no es algo que deberíamos tomar a la ligera hoy en día. Jesús dijo en Mateo 12:37:

*"Porque por tus palabras se te absolverá, y por tus palabras se te condenará."*

Jesús sabía el poder de las palabras y le estaba dando a Pedro la oportunidad de remover la maldición que había invocado sobre sí mismo.

### Jesús se Enfocó En Pedro

En esta escena en la orilla, mientras Jesús se aparecía a los discípulos, Él enfocó su atención de manera muy específica en Pedro. Éste era el mismo Pedro a quien le había hablado estas palabras:

*"Bienaventurado eres, Simón, hijo de Jonás, porque no te lo reveló ningún mortal, sino mi Padre que está en los cielos. Y yo te digo que tú eres Pedro, [Petros – piedra pequeña] y sobre esta roca [Petra – Roca] edificaré mi iglesia, y las puertas del Hades no podrán vencerla." (Mateo 16:17-18)*

Jesús estaba comprometido con Pedro. Él lo amaba y quería guiarlo a través de este proceso de restauración palabra a palabra, paso a paso. No tenía la más mínima intención de tirar la toalla con este querido hijo de Dios. Él había profetizado el plan de Dios sobre su vida, y no importa cuánto se haya equivocado Pedro, Jesús sabía que él había vuelto en sí y estaba quebrantado, humillado, arrepentido, y listo para la restauración y el avivamiento.

Estoy seguro que Jesús, mientras guiaba a Pedro a través de este divino proceso de restauración, miraba a los ojos de Pedro y en lo profundo de su corazón. Jesús sabía cuándo alguien trataba de engañarlo. Él podía identificar a un fariseo a kilómetros de distancia y con los ojos vendados. Pedro estaba siendo honesto, y estaba listo para corregir las cosas.

Antes de partir al Cielo, Jesús quería que Pedro supiera esto también. Los pecados de Pedro estaban perdonados. Jesús lo estaba restaurando a una relación correcta con Él y a su lugar legítimo en el ministerio. Él sabía que ahora Pedro iba a ser mucho más efectivo en su ministerio con su nueva condición humilde, de lo que hubiera sido antes cuando estaba lleno de orgullo y arrogancia espiritual. ¡Así es como Dios obra! Él mira el corazón, no la apariencia externa. Él encontrará la manera de quebrantar en nosotros las cosas que sabe que a la larga nos quebrantarán a nosotros mismos. ¿Por qué? ¡Porque Él nos ama!

¡Él le ama mi amigo –así como es, pero su amor es tan grande que no lo puede dejar así!

Esta cita divina en la orilla del mar concluyó con Jesús diciendo estas palabras a Su discípulo Pedro, haciéndole saber algunas cosas que le deparaba su futuro. No todo sería placentero. Persecución y muchas dificultades se avecinaban, pero Jesús dejó a Pedro con el mandato de seguirlo.

> "De cierto, de cierto te digo: Cuando eras más joven, te vestías e ibas a donde querías; pero cuando ya seas viejo, extenderás tus manos y te vestirá otro, y te llevará a donde no quieras.» Jesús dijo esto, para dar a entender con qué muerte glorificaría a Dios. Y dicho esto, añadió: **«Sígueme».**" *(Juan 21:18-19, RVC)*

### *Y, ¿Qué de Nosotros?*

- ¿Hay cargas de pecado en su vida que le atormentan?
- ¿Está cargando pesos de enojo, desánimo, temor, falsos juicios, celos, envidia, egoísmo, u orgullo espiritual?
- ¿Quiere ser liberado de eso hoy?

- ¿Quiere tener el mismo tipo de restauración que tuvo Pedro – aquel que trae renuevo y avivamiento a su vida como nunca antes?

Si es así, déjeme asegurarle algo. Si se humillas a sí mismo y clama al nombre del Señor, Jesús lo encontrará en el punto donde se encuentre y le dará el mismo tipo de restauración que le dio a Pedro.

- Él lo perdonará.
- Él lo restaurará.
- Él lo renovará.
- Él lo avivará.

Entonces Él lo enviará como su embajador para representarlo, porque usted estará listo para representar a
Jesús de la manera que Él quiere ser representado, no de manera distorsionada, orgullosa, y negativamente religiosa.

Todos nos encontramos en diferentes lugares en nuestra relación de amor con Jesús y nuestro Padre Celestial, pero Dios quiere traer restauración a cada uno de nosotros. Él me podría preguntar:

*"Brian, ¿realmente Me amas más que estos? Vi que estabas juzgando falsamente. Brian, ¿realmente Me amas?"*

¿Cómo responderemos? Creo que debiéramos responder de la siguiente manera: *"Sí Señor, te amo... pero no totalmente de la manera como me gustaría hacerlo."* Entonces quizá Él nos diría:
*"Puedes guiar a Mis ovejas."*

## Notas:

— APÉNDICE —

# ¿AHORA QUÉ?

***Lleve a cabo la Gran Comisión***
Espero que este libro haya sido tanto un reto como una bendición para usted. Sin duda, Dios lo ha usado para restaurar su relación con Él. La historia de Pedro es muy poderosa, y realmente se relaciona con muchas de nuestras vidas. Definitivamente con la mía sí.

Estoy convencido de que una de las peores maneras en las que nos hemos apartado del corazón de Dios es haber sido negligentes a su llamado, a las misiones, y a la evangelización del mundo. Si estamos caminando en avivamiento, el fluir natural de esa relación avivada con el Señor es sacrificar todo lo que podemos para que su mensaje llegue a todo el mundo, no sólo a aquellos en nuestra "Jerusalén."

Antes que Jesús ascendiera al cielo, Él dejó un mandamiento principal a Sus discípulos: "Vayan por todo el mundo y prediquen el Evangelio a toda criatura." Negarse a tener cuidado por los perdidos y afligidos espirituales es negar a Jesús de una manera muy significativa.

Muchos eligen el egoísmo en medio de un mundo famélico, herido, dolido, y perdido. Es como si en nuestro corazón le dijéramos a Dios, "No estoy interesado en lo que tú quieres que yo haga." Esta es una situación triste y una clara señal de un corazón en caída. Necesitamos vivir cada día buscando cumplir nuestra parte en la Gran Comisión.

### *¿Qué es la Gran Comisión?*

La Gran Comisión de Dios se describe en los Evangelios y en el libro de los Hechos. Jesús ya ha hecho la obra necesaria para la salvación. Oswald J. Smith reafirmó que la "única tarea que Jesús nos encargó hacer era la evangelización del mundo." Él preguntó, "¿Estamos cumpliendo esta tarea?" Pero ¿qué es la Gran Comisión, según la Palabra de Dios? Estos versos lo ponen muy en claro:

- "Por tanto, vayan y hagan discípulos de todas las naciones, bautizándolos en el nombre del Padre y del Hijo y del Espíritu Santo, enseñándoles a obedecer todo lo que les he mandado a ustedes." (Mateo 28:19,20)
- "Y este evangelio del reino se predicará en todo el mundo como testimonio a todas las naciones, y entonces vendrá el fin." (Mateo 24:14)
- "«Es abundante la cosecha —les dijo—, pero son pocos los obreros. Pídanle, por tanto, al Señor de la cosecha que mande obreros a su campo" (Lucas 10:2)
- "Les dijo: «Vayan por todo el mundo y anuncien las buenas nuevas a toda criatura." (Marcos 16:15)

Dese cuenta que la Gran Comisión es un llamado a alcanzar a todo el mundo con el Evangelio. Jesús nos pidió "hacer discípulos de todas las naciones" (Mateo 28:19), a predicar el evangelio "en todo el mundo" (Mateo 24:14), y predicar el Evangelio a "toda criatura" (Marcos 16:15). En otras palabras, si existe un lugar sobre la faz de la tierra, Dios quiere que el evangelio llegue allí. Dios quiere que cada criatura y grupo de personas tengan la oportunidad de oír y responder al Evangelio. El libro de Apocalipsis dice que gente de todo pueblo, nación y lengua estarán en los cielos (Apocalipsis 7:9). En otras palabras, Dios no va a cerrar el libro de la historia hasta que la última persona de cada uno de los 16,750 grupos de personas en la tierra haya oído y respondido al evangelio.

Si nuestra tarea es alcanzar a cada grupo de gente con el evangelio, entonces ¿cuántos grupos de personas nos faltan alcanzar a nosotros? Un grupo no alcanzado es un grupo cuya población consta de 5% o menos cristianos profesos (de cualquier tradición), mayormente debido a la falta de esfuerzo misionero.

Para poder evaluar cuánto falta aún por hacer para cumplir esta Gran Comisión, debemos ver lo que ya ha sido hecho y lo que falta por hacer. Para este fin, nos pueden ayudar algunas buenas estadísticas. Leonard Ravenhill una vez dijo:

*"Tener una mente espiritual es un gozo y paz, pero tener una mente estadística puede ser muy perturbador."*

### ¿Han Sido Alcanzadas Todas las Naciones?

¿Realmente existen tantas personas que nunca han oído el Evangelio, en esta era de radio, televisión e internet? La triste respuesta es sí. Yo he estado en sus países y he visto sus rostros. 6'921 grupos de personas, que representan un 40,6% de la población del mundo, aún no han sido alcanzados por el Evangelio.

Amigos míos, eso es 2,84 mil millones de personas que van a pasar una eternidad desamparada sin Jesús a menos que alguien les predique.

La mayoría de grupos inalcanzados viven en un área del mundo llamada la "Ventana 10/40" De hecho, 85% de estas personas no alcanzadas residen ahí. La ventana 10/40 es un área entre las coordenadas de 10° de longitud y 40° de latitud, y una gran parte de la población vive allí, atrapada en oscuridad espiritual.

Parece que para los cristianos no debería ser difícil sacrificar su dinero y sus comodidades en la vida para alcanzar a estas preciadas almas, perdidas y agonizantes. Están en camino al infierno. ¿Quién lo hará? ¿Será usted?

Si usted no va a ir a predicarles, entonces debería enviar a un substituto. Lo peor que puede hacer es.... hacer nada. Si no hace algo, entonces está eligiendo ser parte del problema.

### *Lo Que Podríamos Hacer – Alcanzar a Los No Alcanzados*

La tarea de alcanzar a los perdidos es grande y difícil pero no imposible. De hecho, si cada cristiano evangélico profeso diera algo para esta causa, entonces podríamos inmediatamente empezar a llevar el Evangelio inmediatamente a estos países hambrientos del Evangelio. Considere estas estadísticas del Traveling Team (Equipo Viajero):

- "Los Cristiano Evangélicos podrían proveer todos los fondos necesarios para plantar una iglesia en cada uno de los 6'900 grupos de gente no alcanzados con tan sólo 0,03% de sus ingresos.

- La Iglesia tiene un aproximado de 3'000 veces los recursos económicos y 9'000 veces la mano de obra necesaria para culminar la Gran Comisión.

- Si cada evangélico diera 10% de sus ingresos a las misiones, fácilmente podríamos mantener a 2 millones de misionero nuevos."

¿Puede ver el potencial que tenemos para llevar el Evangelio al mundo si tan sólo sacrificáramos un poquito? Tristemente, no estamos viviendo de acuerdo a nuestro potencial misionero mundial en lo absoluto. Estamos poniendo nuestro dinero en *los lugares equivocados*.

## Mimando a los mimados

Considere esto: 85% de todos los diezmos en Estados Unidos se usan para *poner el show en escena*. Eso significa que 50% de los diezmos americanos se destinan para pagar al staff y a pastores, 20% van al mantenimiento y construcción de nuevos locales, y 15% son para pagar los gastos de la iglesia como electricidad e implementos *(The Traveling Team – El Equipo Viajero)*. Cuán raro debe ser esto para Dios. Todos los días, Él está obligado a ver nuestro desperdicio de recursos en contraste con el trasfondo de un mundo hambriento de comida y del evangelio. Estamos mimando a los mimados en lugar de alcanzar a los perdidos. Esto demuestra la caída de nuestro corazón.

## Alcanzando a los Alcanzados

¿Sabía que sólo el 15% de las ofrendas y diezmos americanos se destinan para realizar obras evangelísticas de algún tipo? ¡Así es: 15%! ¿No desearía que por lo menos una buena parte de ese 15% estuviera dedicado a alcanzar a aquellos que nunca han sido alcanzados por el Evangelio? Pero de ese 15% de ofrendas usadas para las obras de evangelización, sólo 0,5% va hacia los grupos nunca antes alcanzados. 1,5% va a naciones extranjeras que ya han sido alcanzadas por el evangelio, y el 13% restante va para alcanzar a los Estados Unidos. Cada año, una enorme cifra de $26'970'000'000 se gasta en alcanzar al mundo extranjero ya alcanzado. Este es un 87% del dinero dado a las "misiones". Cada año, sólo $310'000'000, una pequeña cifra en comparación al monto total, se invierte en alcanzar el mundo no alcanzado. ¡Eso representa sólo un 1% del dinero dado a las "misiones"! (The Traveling Team – El Equipo Viajero).

Aquí quiero compartir un extracto de un libro de Oswald J. Smith originalmente titulado *Pasión por las Almas*. En este extracto él comparte una ilustración acerca de la importancia de alcanzar todo el mundo y a todos en él con el Evangelio.

"¿Recuerdan cuando el Señor Jesucristo alimentó a los cinco mil? ¿Recuerdan cómo los hizo sentar, fila tras fila, en el verde pasto? ¿Recuerdan cómo luego Él tomó los panes y los peces y los bendijo y los partió y los dio a sus discípulos? Y, ¿recuerdan cómo los discípulos comenzaron por un extremo de la fila del frente y les daban una porción a todos? Entonces, ¿recuerdan cómo volvieron al inicio de esa misma primera fila y les decían a todos que se sirvan una segunda porción? ¿Recuerdan?"

"¿No? ¡Mil veces no! Si hubieran hecho esto, entonces aquellos en las filas de atrás se habrían levantado y protestado muy vigorosamente. << ¡Aquí!>>, estarían diciendo <<Regresa aquí. Danos una porción. Aún no hemos recibido nada. Estamos muriendo de hambre, no está bien, no es justo. ¿Por qué esos de adelante reciben una segunda porción cuando nosotros aún no hemos recibido una primera?>>"

"Y estarían en lo correcto. Hablamos de la segunda bendición. Ellos no han recibido la primera aún. Hablamos de la segunda venida de Cristo. Ellos aún no oyeron de la primera venida. Simplemente no es justo. '¿Por qué alguien tendría que oír el evangelio dos veces antes de que el resto lo haya oído una vez si quiera?' Tú sabes tan bien como yo, que ningún individuo de esa entera compañía de cinco mil hombres, además de mujeres y niños, obtuvo una segunda ración hasta que todos obtuvieron su primera."

"Nunca he sabido de un ministro que haya tenido problemas con los de las últimas filas. Todos sus problemas vienen de las primeras filas. Aquellos en las primeras filas están sobre-alimentados, y ellos desarrollan una indigestión espiritual. Ellos le ordenan cuánto alimentarlos; cuándo alimentarlos; cuándo dejar de alimentarlos; por cuánto tiempo alimentarlos; qué tipo de alimento darles, etc. Etc. Etc., y si no lo hace, ellos se quejan y le encuentran errores. Si un ministro tuviera algo de sentido común, dejaría las filas delanteras por un rato y les dejaría pasar hambre por primera vez en su vida e iría a las filas traseras, y luego cuando retornara ellos estarían listos para aceptar su ministerio, y no habrían murmuraciones o quejas.

"Mis amigos, yo he estado con las filas posteriores. He visto los incontables millones en esas filas posteriores famélicos sin el Pan de Vida. ¿Es acaso correcto esto? ¿Debiéramos estar concentrándonos en las filas del frente? ¿No debiéramos, más bien, estar entrenando a las líneas del frente a compartir lo que tienen con las filas posteriores, y así alcanzarlos con el Evangelio, a aquellos para quienes nada ha sido preparado?"

Este es sin duda un síntoma de un corazón que ha caído y de una iglesia que ha caído también. Ninguno de nosotros puede controlar lo que los líderes de las iglesias hacen con el dinero que les ha sido confiado, pero nosotros como individuos necesitamos ser mucho más sabios con nuestras ofrendas. Necesitamos poner fidelidad al llamado de Dios primeramente y dejar que todo lo demás tome el último lugar en nuestra lista de cosas importantes por hacer. ¿Recuerda las siete iglesias en Apocalipsis capítulos 2 y 3? De todas las iglesias, sólo la iglesia de Filadelfia estaba totalmente alineada al plan de Dios. Debemos ser como los creyentes de esa iglesia.

No debemos tomar parte del legado Laodiceano. Amigos, dejen ese legado a todos los otros que están contentos con hacer concesiones. Ellos están viviendo por cosas que no contribuirán a casi nada en el Reino de los Cielos, pero no dejes que te arrastren a ti con ellos.

Como puede ver, hay mucho más que podemos hacer. En tantos aspectos nos estamos quedándonos lejos de la meta. Cada día, hay gente yéndose a una eternidad sin Jesús—Jesús quien murió para salvar a pecadores, incluidos tú y yo. Esto está mal. Es un pecado que nos quedemos de brazos cruzados, hacienda poco o nada, cuando el poder de hacer tanto bien está al alcance de nuestras manos.

Cuando esta vida se termine, y habitemos la eternidad, seguramente todos tendremos algunos pesares sobre cómo invertimos nuestro tiempo y esfuerzos y recursos en esta vida.

Pero podemos reducir esos arrepentimientos eligiendo *ahora mismo* enfocarnos en las cosas que realmente le importan a Dios. Unámonos y enfoquémonos en dar cómo Dios quiere que demos, en interesarnos y preocuparnos como Dios quiere que nos interesemos, y en vivir como Dios quiere que vivamos.

### *Oremos*

*"Padre Dios, tú conoces mi corazón, tú ves en qué áreas soy fuerte, y tú ves en cuáles soy débil. Tú ves en qué áreas soy orgulloso, y tú ves en cuáles soy humilde. Dios, mi deseo es que tú hagas lo que sea necesario en mi vida para traerme a ese lugar de completa rendición a ti. Padre, quiero estar en la rueda del alfarero, sabiendo que tú eres el Alfarero y yo el barro. Confío en ti con toda mi vida, mi espíritu, mi mente, mi voluntad, mis emociones, y mi cuerpo. ¡Te confío todas ellas a ti!"*

*"Dios, yo sé que si tú me permites entrar en una prueba, es para fortalecerme en mi interior. ¿Me podrías mostrar hoy, por el poder del Espíritu Santo, en dónde me encuentro en mi relación contigo? ¿Te he estado negando relacionalmente? ¿He estado negando mi relación contigo? ¡Estoy listo para el arrepentimiento, restauración, renovación, y avivamiento en mi vida! Dios, sé que tu llamado es que yo te conozca y que te haga conocido. Así que, hoy día, quiero decirte, 'heme aquí, envíame a mí.' Por favor, equípame, purifícame, y quita las escamas de mis ojos para poder ver esta vida de la manera en que tú la ves. Quiero ver a la gente perdida y afligida de la misma manera en que tú los ves, e ir como tu embajador para dar el mensaje de esperanza y salvación que se encuentra en tu Hijo, Jesús."*

— PALABRAS DEL AUTOR —

# UNA NOTA DE ALIENTO

Quiero animarle a recordar que como discípulo de Jesús, usted se encuentra en el ministerio a tiempo completo. ¡Usted es un ministro del Evangelio a *tiempo completo*! Ese es un llamado emocionante, y un llamado que conlleva responsabilidad. Todos y cada uno somos individualmente responsables de cumplir su llamado en nuestras vidas.

Siempre digo que las dos *habilidades* más grandes que podemos tener son disponi-*bilidad* y respons-*abilidad*. *Disponibilidad* es estar disponible a oír el llamado de Dios. La disponibilidad se demuestra diciendo,

"Heme aquí, Señor, envíame a mí."

*Responsabilidad* es la habilidad de responder al llamado de Dios una vez lo hayamos oído y luego cumplirlo en nuestras vidas. Muchas personas oyen el llamado de Dios a cumplir una tarea de algún tipo pero renuncian antes de terminarla. Se agotan y se rinden por falta de fe o por desánimo. Esto es lo que Jesús dijo acerca de su llamado:

"—Mi alimento es hacer la voluntad del que me envió y terminar su obra —les dijo Jesús—." *(Juan 4:34, NVI)*

Debemos estar dispuestos a terminar el trabajo que comenzamos, así como Dios está dispuesto a terminar el trabajo, o la obra, que Él ha comenzado en nosotros.

*"Estoy convencido de esto: el que comenzó tan buena obra en ustedes la irá perfeccionando hasta el día de Cristo Jesús." (Filipenses 1:6, NVI)*

Por favor recuerde que Dios lo ha colocado estratégicamente en la sociedad como Embajador de Jesucristo. Él lo ha colocado en una familia, colegio, universidad y/o trabajo, vecindario, ciudad, estado, y país específicos. Ahí es donde quiere que usted brille, y luego, más allá de ese punto Él quiere usarlo para las misiones mundiales ya sea enviando o yendo.

Si está tomando activamente esas oportunidades que Dios está colocando delante de usted, quiero felicitarlo. También quiero alertarlo porque el enemigo de su alma hará todo lo posible para distraerlo y alejarlo de esas citas divinas que Dios coloca en su vida. Otra táctica que él usa cuando responde a las citas divinas es hacer todo lo que esté en sus manos por hacerle hablar en base a su corazón en lugar de bajo la divina unción y dirección del Espíritu Santo. Él quiere que represente mal a Dios y que diga cosas "religiosas" que suenan bien pero que no son lo que Jesús quiere decir en esas situaciones. Jesús cuenta con que nosotros conozcamos Su voz y hablemos Sus palabras.

O quizá usted es la persona que dice, "yo soy demasiado tímido – no puedo hacer eso." ¡Quiero animarlo a vencer su miedo! Dios es testigo, yo era una de las personas más tímidas que pudiera haber conocido cuando recién vine al Señor. Dios lo cambió todo. El Espíritu Santo vio el deseo en mi corazón de serle fiel y vio mis intentos de caminar por fe y me levantó por su poder y fuerza. ¡El amor que Dios ha puesto en los corazones de los creyentes anhela salir! Dios lo derrama en nosotros para bendecirnos pero también puede hacer que sea derramado *a través de* nosotros. Él quiere derramarlo sobre el hambriento, buscando almas alrededor de nosotros.

Te dejo con algo que el Señor habló a mi corazón tiempo atrás en 1975 cuando tan sólo tenía 19 años. Sucedió una noche cuando había manejado hacia un lugar que el Señor me había indicado para testificar de Jesús a la gente en las calles. Yo estaba sentado en mi Ford Fairlane 500 de 1963 tratando de juntar el valor necesario para salir de mi vehículo y comenzar a hacer lo que había ido a hacer. Lo que oí esa noche no fue una voz audible, pero fue lo suficientemente fuerte para oírla y recordar esa experiencia todos estos años. El Espíritu Santo me dijo:

*"Su necesidad de oír es más grande que tu miedo a compartir."*

¡Eso era todo lo que necesitaba oír! Di un paso fuera de mi vehículo, y he estado compartiendo el Evangelio desde ese entonces.

Que Dios lo bendiga conforme avanza en su caminar con el Señor. ¡Recuerde todos los días que Dios le ama y lo ha llamado y lo ha embarcado en una nueva aventura con Él todos los días hasta que Él regrese!

—Brian Weller

Para más información sobre Brian Mark Weller, o para conocer más sobre Message Ministries & Missions Inc., por favor visite:

WWW.BRIANMARKWELLER.COM

WWW.MESSAGEMINISTRIES.ORG

WWW.CORAZONESENFUEGO.COM

www.ingramcontent.com/pod-product-compliance
Lightning Source LLC
Chambersburg PA
CBHW020523030426
42337CB00011B/521